W9-BQU-512

Me encanta mi mascota

EL CONEJILLO DE INDIAS

Aaron Carr

SPANISH & ENGLISH eBOOKS
AV2 BY WEIGL™
ADDED VALUE • AUDIO VISUAL

www.av2books.com

El enriquecido libro electrónico AV² te ofrece una experiencia bilingüe completa entre el inglés y el español para aprender el vocabulario de los dos idiomas.

This AV² media enhanced book gives you a fully bilingual experience between English and Spanish to learn the vocabulary of both languages.

Spanish

English

Navegación bilingüe AV²
AV² Bilingual Navigation

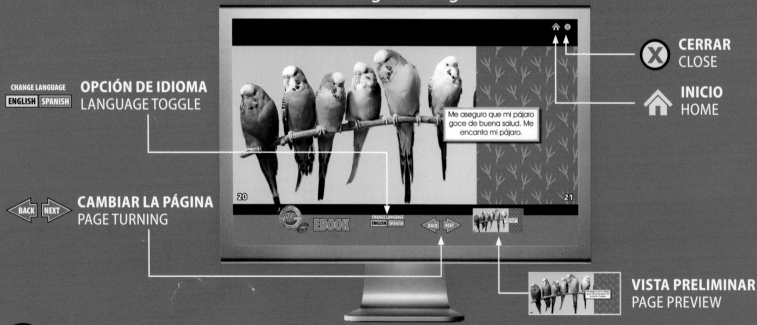

CHANGE LANGUAGE ENGLISH SPANISH
OPCIÓN DE IDIOMA
LANGUAGE TOGGLE

BACK NEXT
CAMBIAR LA PÁGINA
PAGE TURNING

CERRAR
CLOSE

INICIO
HOME

VISTA PRELIMINAR
PAGE PREVIEW

2

Me encanta mi mascota
EL CONEJILLO DE INDIAS

CONTENIDO

3

Me encanta mi mascota
conejillo de Indias.
La cuido mucho.

5

Mi conejillo de Indias tenía
tres semanas cuando
lo traje a casa.
Se le llama cachorro
cuando era un bebé.

Mi conejillo de Indias estaba completamente desarrollado después de cinco meses. Pesa aproximadamente 2 libras.

El conejillo de Indias puede crecer hasta 16 pulgadas de largo.

10

Mi conejillo de Indias tiene dientes que nunca dejan de crecer. Mastica cosas para evitar que sus dientes crezcan demasiado.

Mi conejillo de Indias tiene tres dedos en sus patas traseras y cuatro en las frontales.

Los conejillos de Indias tienen garras filosas en sus dedos.

13

14

Mi conejillo de Indias utiliza
sus dientes y garras
para cepillar su pelaje.
Lo ayudo a cepillarse
una vez a la semana.

Mi conejillo de Indias
come frutas y vegetales.
Tiene que ser alimentado con
productos frescos todos los días.

Mi conejillo de Indias se asusta con mucha facilidad. No le gustan los ruidos fuertes.

19

Me aseguro que mi conejillo de Indias esté saludable. Me encanta mi mascota conejillo de Indias.

DATOS DEL CONEJILLO DE INDIAS

Estas páginas proveen más información acerca de los datos interesantes que se encuentran en el libro. Están destinadas a ser utilizadas por adultos como apoyo de aprendizaje para ayudar a los jóvenes lectores con sus conocimientos de cada animal presentado en la serie *Me encanta mi mascota*.

Páginas 4–5

Me encanta mi mascota conejillo de Indias. La cuido mucho. Los conejillos de Indias son un tipo de roedor, similar a los hámsteres, chinchillas y ratones. Los conejillos de Indias son buenas mascotas. Son animales pequeños y dulces que son fáciles de cuidar. Son limpios, tranquilos y no ocupan mucho espacio. Aun así, los conejillos de Indias necesitan cuidados y atención todos los días.

Páginas 6–7

Mi conejillo de Indias tenía tres semanas cuando lo traje a casa. Se le llama cachorro cuando era es bebé. A diferencia de los hámsteres y los conejos, las crías de los conejillos de Indias nacen con piel, con los ojos abiertos y dientes. Son capaces de caminar después de algunos días de haber nacido. Entre las tres y cinco semanas de edad, los cachorros de los conejillos de Indias dejan de mamar y pueden vivir por su cuenta.

Páginas 8–9

Mi conejillo de Indias estaba completamente desarrollado después de cinco meses. Pesa aproximadamente 2 libras. Los conejillos de Indias pueden medir entre 7 y 16 pulgadas (10 y 40 centímetros) de largo y pueden pesar entre 1 y 3 libras (0,5 y 1,5 kg). Al macho se le llama verraco y a la hembra, cerda.

Páginas 10–11

Mi conejillo de Indias tiene dientes que nunca dejan de crecer. Mastica cosas para evitar que sus dientes crezcan demasiado. Los conejillos de Indias tienen 20 dientes. Sus dientes son de raíz abierta, lo que significa que crecen todo el tiempo. Para evitar que sus dientes crezcan demasiado, los conejillos de Indias deben tener algo para masticar, como por ejemplo un trozo de madera. Los dientes que han crecido demasiado pueden provocar problemas de salud.

Mi conejillo de Indias tiene tres dedos en sus patas traseras y cuatro en las frontales. Cada uno de los 14 dedos de los conejillos de Indias tiene una garra corta y filosa. La parte inferior de las patas de los conejillos de Indias están cubiertos por una almohadilla curtida suave. Estas almohadillas ayudan a proteger los huesos diminutos de los conejillos de Indias. Los conejillos de Indias tienen huesos frágiles, por lo tanto deben ser tratados con cuidado.

Mi conejillo de Indias utiliza sus dientes y garras para cepillar su pelaje. Lo ayudo a cepillarse una vez a la semana. A los conejillos de Indias les gusta estar bien acicalados. Aunque se acicalan a sí mismos, también necesitan la ayuda de sus dueños. Los cepillos de dientes son ideales para peinar a los conejillos de Indias. Los conejillos de Indias de pelo largo necesitan ser cepillados con mayor frecuencia.

Mi conejillo de Indias come frutas y vegetales. Tiene que ser alimentado con productos frescos todos los días. Los conejillos de Indias son herbívoros. Esto significa que se alimentan solamente de plantas, comen frutos, vegetales y granos. Los conejillos de Indias deben ser alimentados dos veces al día, alrededor de la misma hora cada día. Para asegurarse de que los conejillos de Indias obtengan los nutrientes que necesitan, aliméntalos con alimento en grano especial para conejillos de Indias, mezclado con, alimentos frescos.

Mi conejillo de Indias se asusta con mucha facilidad. No le gustan los ruidos fuertes. Los conejillos de Indias tienen orejas muy sensibles. Pueden escuchar sonidos de tonos elevados mejor que los humanos. Los sonidos fuertes o de tonos altos pueden asustar a los conejillos de Indias o lastimar sus oídos. La jaula de los conejillos de Indias debe ser colocada en un lugar tranquilo, lejos de ruidos fuertes. También es bueno hablarles en voz baja al manipularlos.

Me aseguro que mi conejillo de indias esté saludable. Me encanta mi mascota conejillo de Indias. Los conejillos de Indias que reciben los cuidados adecuados se mantendrán saludables y felices. Es raro que un conejillo de Indias se enferme. Manipúlalos lo menos posible. Si tu conejillo de Indias comienza a comer o ejercitarse menos, o si notas humedad alrededor de sus ojos o de su nariz, llévelo al veterinario de inmediato.

¡Visita www.av2books.com para disfrutar de tu libro interactivo de inglés y español!

Check out www.av2books.com for your interactive English and Spanish ebook!

1 **Entra en www.av2books.com**
Go to www.av2books.com

2 **Ingresa tu código**
Enter book code

J208559

3 **¡Alimenta tu imaginación en línea!**
Fuel your imagination online!

www.av2books.com

Published by AV² by Weigl
350 5th Avenue, 59th Floor New York, NY 10118
Website: www.av2books.com   www.weigl.com

Library of Congress Control Number: 2014933381

ISBN 978-1-4896-2120-7 (hardcover)
ISBN 978-1-4896-2121-4 (single-user eBook)
ISBN 978-1-4896-2122-1 (multi-user eBook)

Printed in the United States of America in North Mankato, Minnesota
1 2 3 4 5 6 7 8 9 0 18 17 16 15 14

032014
WEP280314

Project Coordinator: Jared Siemens
Spanish Editor: Translation Cloud LLC
Art Director: Terry Paulhus

Every reasonable effort has been made to trace ownership and to obtain permission to reprint copyright material. The publishers would be pleased to have any errors or omissions brought to their attention so that they may be corrected in subsequent printings.

Weigl acknowledges Getty Images as the primary image supplier for this title. Cover: Livia Unger.